诗人的一天

One Day of the Chinese Poets

古代人的一天

段张取艺工作室 著／绘

中信出版集团 | 北京

图书在版编目（CIP）数据

诗人的一天 / 段张取艺工作室著绘. -- 北京：中信出版社, 2020.6（2025.4重印）
（古代人的一天）
ISBN 978-7-5217-1662-7

Ⅰ.①诗… Ⅱ.①段… Ⅲ.①诗人-列传-中国-古代-青少年读物 Ⅳ.① K825.6-49

中国版本图书馆 CIP 数据核字（2020）第 037653 号

诗人的一天
（古代人的一天）

著 绘 者：段张取艺工作室
出版发行：中信出版集团股份有限公司
（北京市朝阳区东三环北路27号嘉铭中心 邮编 100020）
承 印 者：北京尚唐印刷包装有限公司

开　　本：787mm×1092mm　1/8　　印　张：7　　字　数：100千字
版　　次：2020年6月第1版　　　　印　次：2025年4月第15次印刷
书　　号：ISBN 978-7-5217-1662-7
定　　价：45.00元

出　　品：中信儿童书店
策　　划：神奇时光
策划编辑：李苑苑
责任编辑：李苑苑
营销编辑：李梦淙
平面设计：奇文雲海 [www.qwyh.com]
排版设计：李亚熙

版权所有·侵权必究
如有印刷、装订问题，本公司负责调换。
服务热线：400-600-8099
投稿邮箱：author@citicpub.com

前言

一天，对于今天的我们，可以足不出户，也可以远行万里；可以柴米油盐，也可以通过网络了解全世界。那么，一个有趣的想法冒了出来：古代人的每一天会怎么过？我们对古代人的了解都是史书上的一段段文字和故事，从没有想到他们的一天会是怎么样的。他们是不是也和我们一样，早上起来洗脸刷牙，一日三餐？晚上，他们会有什么娱乐活动？基于这样的好奇心的驱使，我们开始进行创作，想把古代人一天的生活场景展现在孩子们面前。

我们在进行"古代人的一天"系列书的创作时，以古代的身份（或职业）来进行分类，有皇帝、公主、文臣、武将、侠客、画家、医生、诗人等。每种身份（或职业）有其不一样的生活、工作。比如，诗人的日常生活是否像他们的诗歌一样波澜壮阔、灿烂精彩？那些脍炙人口的千古名句是在什么历史背景下创作出来的？《清明上河图》《韩熙载夜宴图》《瑞鹤图》这些享誉海内外的中国名画的绘者是什么人？他们幼时是否受过良好的艺术启蒙？这些画怎么样构思出来的？通过绘画要表达什么内容？古代的中医，如扁鹊、华佗、张仲景等是如何给病人治病？他们像今天的医生一样待在医院上班坐诊吗？他们是如何给人诊断的？有哪些传世的成就？

然而，古代人的一天是无法回溯的，古人对时间的感受也和我们不一样，为了帮助孩子们更好地理解古代人的一天是如何度过的，我们在丰富的历史资料的基础之上，架构了古代人的一天。

我们在创作当中精细地设置了时间线，书中的"一天"指的是故事从开始到结束整个过程的时间，而不是严格意义上的 24 小时自然时间，书中贯穿每一个人物一天的生活和工作的时间线，也不是按照等分的时间长度来划分的，时间线的创意设计是为了帮助读者更好地了解故事发展脉络。

在《诗人的一天》当中，我们根据七位诗人的诗词，依托各种考证资料来还原出诗人们创作的背景，诗人们有的忧国忧民，有的借酒抒情，有的感叹命运，有的表达志向……不同的境遇产生不同的创作心境，使得诗人们能创作出各种脍炙人口的经典名篇。我们通过展现诗人们一天的故事来让孩子们看到这些创作背后的具体情境，对诗人们的生活创作有一个更为立体的认知和理解。

在创作《诗人的一天》的具体内容时，需要对一些历史事件进行浓缩使一天的内容更为紧凑、丰富，我们借鉴了郭沫若先生在创作《屈原》以及《蔡文姬》的故事时所采用的手法，把精彩的故事浓缩在一天来呈现，这也是为了让孩子们更好地理解历史。

希望我们的努力能让"古代人的一天"成为孩子们喜欢的书，能让孩子们从一个新的视角去看待我们的历史，从而喜欢上我们的历史故事。

张卓明
2020 年 3 月

目录

屈原：我志向高洁，世人却不能容忍。

陶渊明：对我来说，喝酒比啥都重要。

贺知章：少小离家老大回，乡音无改鬓毛衰。

李白：我可是诗人中的剑术高手。

- 屈原的一天 …… 2
- 陶渊明的一天 …… 8
- 贺知章的一天 …… 14
- 李白的一天 …… 20

诗歌是中华传统文化中璀璨的宝石，诗人正是这些宝石的制作者。

在我们的历史中，古代的读书人都以会写诗为荣，上至帝王将相下至布衣书生，人人都会写诗，人人都喜欢读诗。我们从中选了七位诗人来讲述他们的故事，从他们的故事里，我们可以看到诗人的日常生活，了解诗人们生活的时代以及他们创作的诗歌及其背景等。让我们打开书本，一起进入诗人们的世界吧。

杜甫
> 房屋漏水真是一个让我极其苦恼的问题。

苏轼
> 一天吃三百颗荔枝很容易上火。

李清照
> 李三瘦最苦恼的就是吃不胖。

杜甫的一天
28

苏轼的一天
32

李清照的一天
38

古代计时方式
42

诗人逸事
44

番外篇 诗人们的小酒会
46

屈原的一天

屈原，战国时期楚国伟大的爱国诗人、政治家。他出生于楚国王族，是春秋时期楚武王之子瑕的后代，他们封地在屈，以屈为氏。他早年颇受楚怀王器重，曾担任左徒，兼管内政外交大事。因奸臣谗害，先被楚怀王疏远，后又被楚顷襄王流放到汉北和沅湘流域。

屈原

屈原前传

（对话）
— 大王，法令必须尽快拟定出来。——屈原
— 爱卿说的极是。——楚怀王

也曾为楚王所器重

早年，楚怀王任命屈原为左徒，与他一起商议国家大事，对内让他参与拟定政令，对外还让他接待国外来访的宾客，出使其他国家。

却遭谗言陷害

可是好景不长，同朝的上官大夫为了获得楚怀王的宠信，故意对楚怀王说屈原到处夸耀自己的功劳，自以为拟定法令除了他没人干得了。楚怀王听后十分生气，疏远了屈原。

（对话）
— 大王，屈原在外面到处吹嘘自己的功劳。——上官大夫
— 岂有此理！

（对话）
— 冤枉啊！——屈原
— 快走吧！

贬官

很快，屈原被罢黜左徒的官职，离开郢都，来到汉北地区。

机会似乎也曾降临过

楚怀王后来也曾重新起用过屈原。屈原接到楚怀王命令出使齐国，修复被秦相张仪破坏的齐楚关系，他竭力为齐楚联盟出谋划策。

张仪的嘴

不幸的是，楚怀王一而再、再而三地被秦相张仪所蛊惑，一步步地坠入张仪设计的圈套当中，一次次破坏齐楚联盟，丢失国土。屈原的忠言却成了逆耳之言，他被楚怀王再次疏远。

不该去秦国的楚怀王

公元前299年，楚怀王准备去秦国和谈，屈原拦着楚怀王说："秦国是虎狼之国，不能相信它，大王您不如不去。"楚怀王的小儿子子兰却坚持认为不能同秦国断绝友好关系，怂恿楚怀王前去秦国。于是，楚怀王去了秦国，结果中了秦人的计谋，秦国要求楚国割地才放归楚怀王。楚怀王被扣留后死在了秦国。

令尹

春秋、战国时期楚国最高行政长官，辅佐楚王掌管全国军政事务，任此职者多出身于楚国王族。楚怀王的儿子子兰就担任过令尹。

左徒

战国中期楚国设置的官职，代表楚王处理内外国务，左徒可直接升任令尹。

三闾大夫

战国时楚国特设的官职，掌管楚国王室宗族屈、景、昭三大氏族的相关事务。

被流放

楚怀王的太子横（楚顷襄王）即位之后，屈原因为楚怀王的死痛恨已担任令尹的公子子兰，子兰让上官大夫在楚顷襄王面前谗毁屈原。屈原被免去官职，放逐南方。十多年后，秦将白起攻下楚国重城郢都，楚王率臣子出逃，而屈原则来到了汨罗江畔。

午正（12:00）
苦闷的屈原

秦国攻下楚国郢都已经好多天了，楚国权贵逃亡的消息不绝于耳，屈原更加苦闷，无心吃饭，也无心做事。他在汨罗江畔踽踽而行，嘴里念念有词，面色憔悴，形销骨立。

> 这样浑浊的世界，让我透不过气来。

> 整个世界都是浑浊的，只有我是干净的；所有的人都沉醉着，唯有我是清醒的，所以我被流放到这里！

未初三刻（13:45）
世人皆醉我独醒

屈原不禁仰天长叹，痛诉世道黑暗，自己的高洁与这个污浊的世界格格不入。

未初二刻（13:30）
遇到一位渔夫

一个渔夫在江边看到了屈原，觉得很奇怪，就停下来询问屈原出现在这里的原因。

> 这不是屈大人吗？您怎么在这里呢？

香草美人

屈原喜欢在诗歌中用"香草美人"来象征明君、贤臣，继承并发扬了《诗经》的比兴手法。其主要作品有《离骚》《九歌》《天问》等。

> 整个世界都浑浊，为什么不随波逐流？何必要行为超脱世俗，而使自己被放逐呢？

未正（14:00）
想开点

渔夫听了屈原的话，就劝他，圣人能不拘泥于任何事物，并顺应世俗的变化，如果世人都是浑浊的，你可以随波逐流。

未正一刻（14:15）
《怀沙》

渔夫唱道："沧浪之水清兮，可以濯吾缨，沧浪之水浊兮，可以濯吾足。"屈原却坚持不肯与世俗同流合污。他吟唱《怀沙》一诗，表明自己的心志。

> 我宁愿投身汨罗江，葬身鱼腹，也不愿蒙受世俗的污染！

> 我要舒展愁眉，消除悲伤，最后的办法就是死去！

申初（15:00）
抱石沉江

屈原站在江边沉思了一会儿，最终抱着石头，跳入了湍急的江水中。

陶渊明的一天

　　陶渊明，又名潜，字元亮，号五柳先生，东晋田园诗人，著有《陶渊明集》。曾任江州祭酒、镇军参军等职，他最后一次出仕时担任过彭泽县令，八十多天便弃官归隐。从此，以饮酒赋诗为乐。

正在采菊的陶渊明

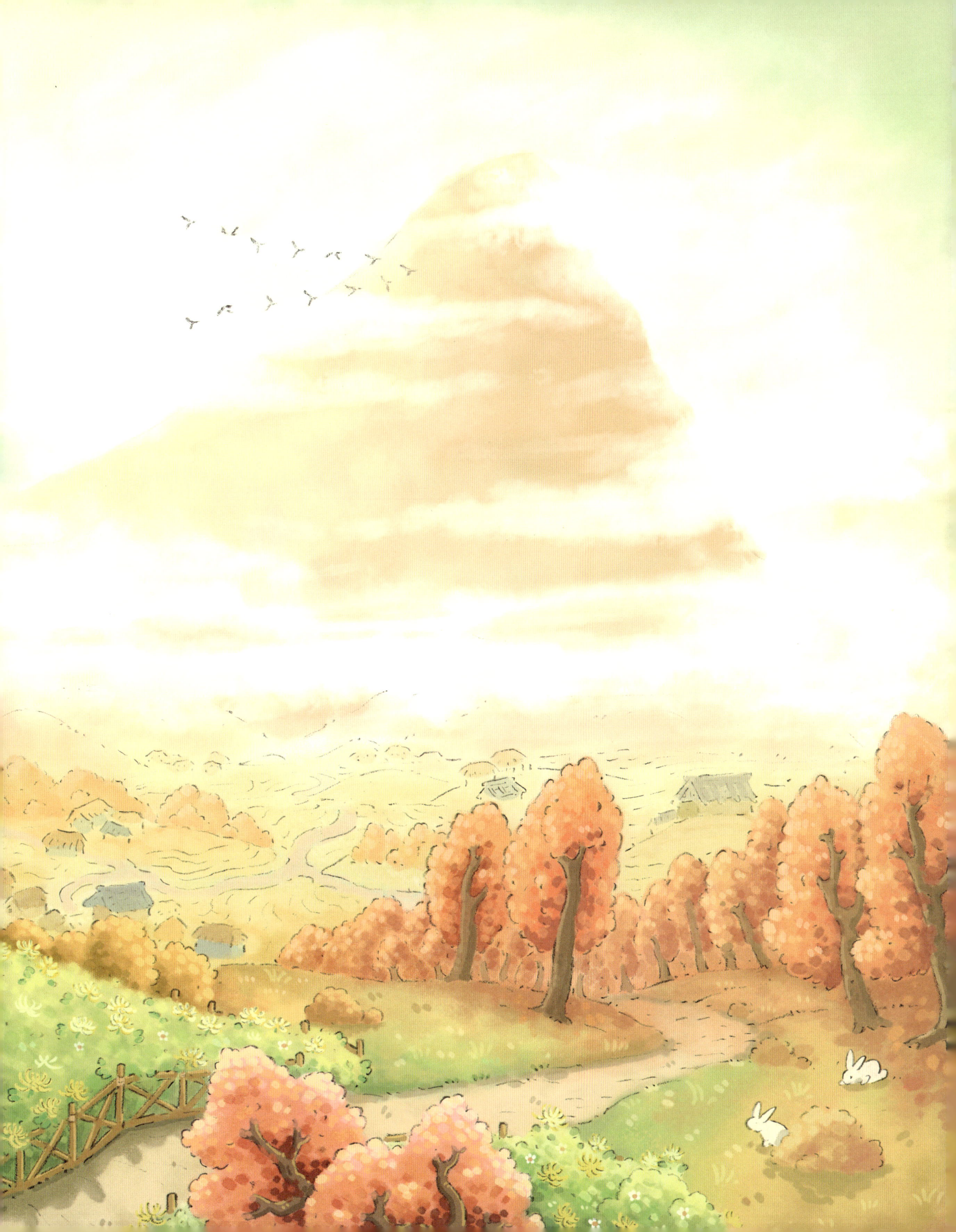

没有酒了，唉！

菊花酒

重阳佳节，中国民间有饮菊花酒的传统习俗。菊花酒，在古代被看作是重阳必饮、祛灾祈福的"吉祥酒"。

未正（14:00）
酒兴来了却找不到酒喝

重阳节这天，陶渊明倚窗而坐。窗外美景勾起了陶渊明的酒兴，于是他翻遍了家里的酒壶，但是没有找到一滴酒。

菊花

菊花是"花中四君子"之一，被赋予了与世无争、不慕荣华的品格。因大隐士陶渊明偏爱菊花，菊花也就慢慢成为古代文人心中隐士的象征。

未正二刻（14:30）
不如采点菊花来酿酒

陶渊明没有酒喝，十分扫兴，决定出门走走。走到东边时，看到菊花开放得十分绚烂，他一心动，走进花丛中去采摘菊花。

酿个菊花酒吧。

饮酒

秋菊有佳色，裛露掇其英。
泛此忘忧物，远我遗世情。
一觞虽独进，杯尽壶自倾。
日入群动息，归鸟趋林鸣。
啸傲东轩下，聊复得此生。

诗人的一天

10

咦？有人来了！

• 申初（15:00）
采菊归来

　　采了一大把各式各样的菊花后，陶渊明觉得有点累了，坐在篱笆旁边的石头上休息。

• 申初一刻（15:15）
有朋自远方来

　　过了一会儿，陶渊明远远地望见有个穿白衣的人向他走来。走近之后，才发现白衣人是他的朋友江州刺史王弘，原来是王弘来给他送酒了。

申初二刻（15:30）
终于有酒喝了

　　陶渊明当即席地而坐，与王弘喝起酒来。喝得兴起，陶渊明拿出他的琴，嘴里哼着曲子，抚弄起来。王弘见了，觉得十分有趣。

终于有酒喝了！

《 王弘 》

琅琊王氏子弟，他父亲王珣是著名的书法家，有《伯远帖》传世。他年少时就聪明好学，以清悟知名，曾任江州刺史（江州的军事行政长官），在任时省赋简役，百姓过得很安定。

陶渊明的一天

11

申正（16:00）
量尺寸

王弘看见陶渊明的鞋子破了，便吩咐手下的人帮他做鞋子。手下的人询问陶渊明脚的大小，陶渊明便伸出脚让他们测量。

> 有点痒！哈哈！

> 陶先生，忍着点。

无弦琴

陶渊明不怎么会弹琴，家里有一张没有装饰的琴，琴上也没有琴弦，每逢饮酒聚会的时候，便拿出来抚弄一番，来抒发他的心意。

> 我就是瞎哼哼。

酉初（17:00）
《饮酒》一首

酒酣兴起，陶渊明便赋《饮酒》一首：
结庐在人境，而无车马喧。
问君何能尔，心远地自偏。
…………
王弘听后大加赞赏。

> 好诗！好诗！

> 山气日夕佳，飞鸟相与还。
> 此中有真意，欲辨已忘言。

酉正（18:00）
我醉欲眠卿可去

几壶酒下肚，陶渊明有些醉了，就告诉王弘自己醉了想睡了，他可自行离去。王弘在心中暗叹：陶渊明的率真之处就在于此啊！

> 我醉了，想睡了，你自己回去吧。

逸事回顾 陶渊明

葛巾漉酒

陶渊明正在酿酒，郡守前来探望他。适值酒熟，陶渊明顺手取下头上的葛巾漉酒，漉完之后，又把葛巾罩回头上。

> 先生，你等下怎么戴葛巾呀？
> 管他呢！

颜公付酒钱

颜延之在寻阳（今湖北黄冈境内）做官时，和陶渊明交情很好。后来颜延之前往始安郡这个地方当官，经过陶渊明住的地方时，便天天去陶渊明家喝酒，不醉不归。离开的时候，颜延之留下两万钱给陶渊明，陶渊明把钱全部送到酒家，以便他之后直接去那里拿酒。

> 记账啊！

不为五斗米折腰

陶渊明当彭泽县令时，上司派督邮来到彭泽县，县吏让陶渊明穿得整整齐齐地去恭迎，不然就会有失体统，督邮要是乘机大做文章，会对陶渊明不利。陶渊明长叹一声："我不能为五斗米向乡里的小人折腰！"。说完便辞职离开了只当了八十多天县令的彭泽。

> 我不能为五斗米向乡里的小人折腰！
> 这样有失体统啊，大人！

陶渊明

备受追捧的陶渊明

陶渊明在文学史上有极其重要的地位。钟嵘的《诗品》称他为"古今隐逸诗人之宗"。历代有成就的诗人中受到他的文学熏陶的人有很多，以至后世的"拟陶""和陶"诗不下千首。李白、杜甫、白居易、苏轼、陆游等大诗人都表示过对陶渊明的赞美与仰慕。

贺知章的一天

贺知章，字季真，号四明狂客，越州永兴（今浙江杭州萧山区）人，唐代诗人、书法家。他性情豪放旷达，人称"诗狂"，在当时很受文人雅士景仰。天宝三载（744年），贺知章告老归乡，上至皇帝，下到百官，都为他送行。

贺知章

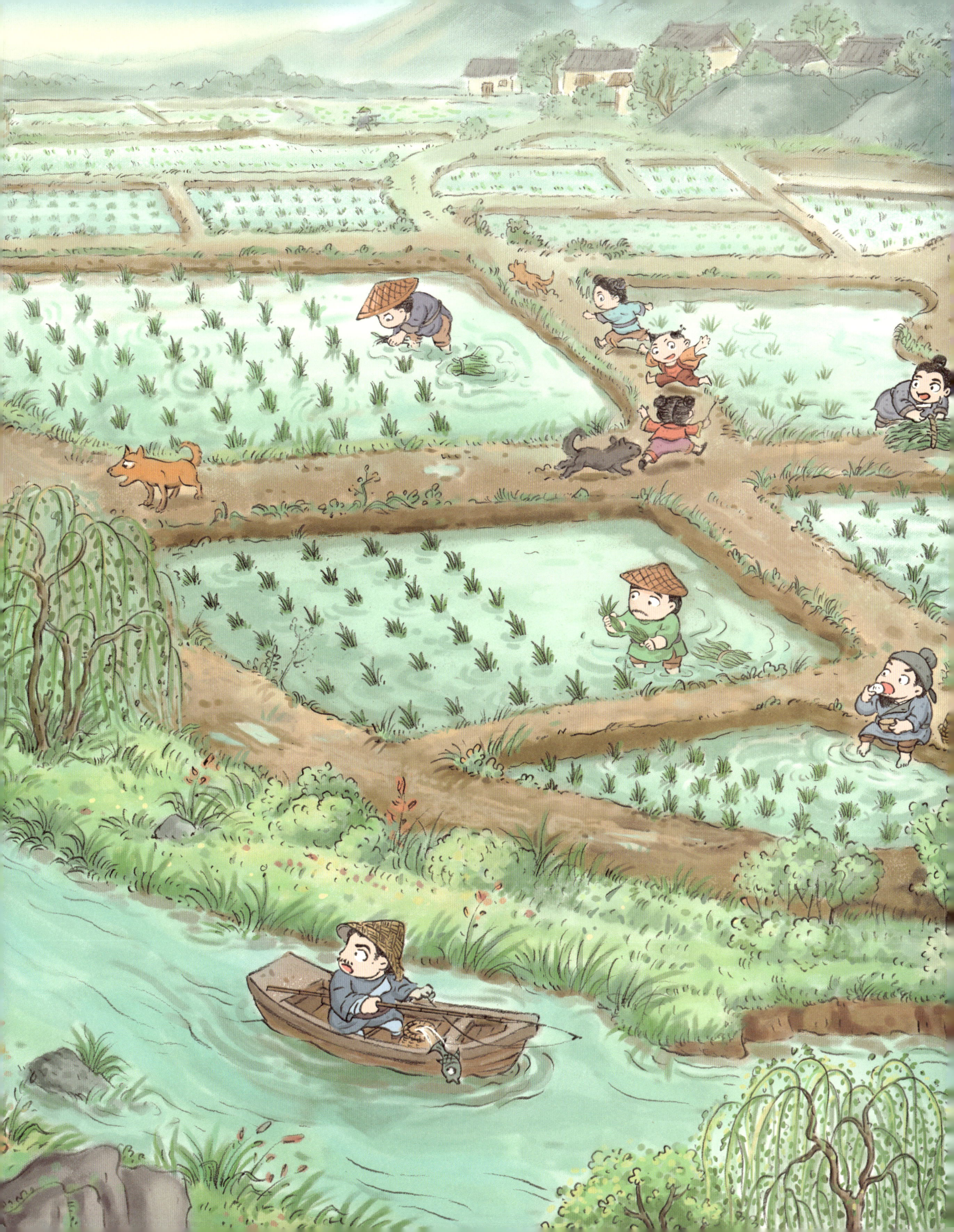

贺知章回乡前传

辞官回家

天宝三载,贺知章因生病而精神恍惚,便上书皇帝请求度为道士,想返回故乡,还捐出他故乡的住宅作为道观。

> 臣老了,身体不好,想请陛下恩准退休。——贺知章

> 贺爱卿辛苦了,好好回家休养,朕会想你的。——唐玄宗

太子送行

贺知章离京时,唐玄宗亲自作诗相赠为他送行。太子和百官都前来为贺知章送行。

> 老师走了,我再也听不到您的教诲了。——太子李亨

> 天下没有不散的宴席,请太子殿下好好保重。

李白舍不得

李白也来送行了,看着这个才华横溢的后辈,贺知章心中不舍,但更多的是为他担心。李白太桀骜不驯,不适合在京城的官场生存。

> 贺老,此一别,不知何日再能相见。——李白

> 贤弟珍重!你这人性情张扬,在官场上只怕会吃亏呀。

诗人的一天

贺知章逸事回顾

贺知章爬墙头

唐玄宗的弟弟岐王李范去世后,有诏书命礼部挑选贵族子弟充当挽郎。可是僧多粥少,担任礼部侍郎的贺知章没处理好,贵族子弟为此围住礼部吵个不停。贺知章只好踩着梯子登上墙头,和大家解释,当时人们都因为这件事嗤笑他。

> 贺大人!你出来和我们讲清楚!

> 各位先散了吧,听说宁王也快不行了,大家都有机会!

挽郎

即出殡时牵引灵柩、唱颂挽歌的少年。历史上南朝至宋朝时设立,均由官员子弟担任,是进入仕途的方式之一。一旦治丧完毕,挽郎的档案将移交吏部,供分配提拔。

掉到井里的贺知章

杜甫的《饮中八仙歌》,第一个写的就是贺知章。"知章骑马似乘船,眼花落井水底眠"。这句诗说的是贺知章喝醉了,在马上摇摇晃晃的就像坐船一样,之后他不小心掉到了井里,居然就躺在井底睡着了。

贺知章的雅号多

贺知章与张若虚、张旭、包融并称"吴中四士",与李白、李适之、张旭等人合称"饮中八仙",又与陈子昂、卢藏用、宋之问、王适、毕构、李白、孟浩然、王维、司马承祯等人合称"仙宗十友"。

贺知章

少小离家老大回，
乡音无改鬓毛衰。

巳初（9:00）
远远地看到了家乡

从客栈出发后，贺知章一路走，一路看，心中感慨万千。离开几十年之后，他终于回到了久违的家乡。

巳正（10:00）
牧童在村口玩耍

风和日丽，绿柳挂在枝头，让人百看不厌，一群孩子欢蹦乱跳地在村口奔走嬉戏。

巳正一刻（10:15）
乡音未改

孩子们看到一个陌生的白胡子老头出现在面前，纷纷拥了上来，贺知章说着一口家乡话与孩子们问好。孩子们看着这个陌生的老人，叽叽喳喳地问了起来。贺知章被他们这一问，居然有点答不上来。

孩子们，你们好呀！

您是谁呀？

您的口音像我们这里的。为什么我没见过您？

午初（11:00）
回家看看

贺知章在孩子们的指引下回到了阔别多年的家，看到侄子出门迎接，他心情激动不已。

"我回来了！"

"大伯回来了！"

未正（14:00）
四处走走

凳子还没坐热，贺知章便起身想四处走走看看。

"大伯想去哪里看看？"

"带我去镜湖看看。"

申初（15:00）
感叹物是人非

山还是那座山，镜湖也还是那个镜湖，只是当年意气风发的少年已成了风烛残年的老人。

"五十年了，镜湖还是这么美。"

神清志逸，学富才雄

回乡后不久，贺知章便安然离世。贺知章一生学识渊博、风流倜傥，李白称他"风流贺季真"，好友张旭说他"贺八清鉴风流千载人也"。

贺知章的一天

李白的一天

　　李白，字太白，唐代浪漫主义诗人，人称"诗仙"，年少时就颇有才气，为人放荡不羁，超凡脱俗，后入职翰林院，仍不改狂放之性。李白十分喜欢喝酒，自称"酒中仙"，常流连于酒楼之间。

李白小故事

谪仙人

贺知章出生于659年,李白出生于701年,两人相差四十二岁。李白初到长安时曾拜见了贺知章。贺知章读完李白的诗文后,不由得赞叹李白是谪居世间的仙人。

> 你是被贬下凡的天上的仙人吧。

> 夸得我都不好意思了。

贺知章　李白

官场失意的李白诗歌越写越好

被皇帝赐金放还之后的李白和友人岑勋、元丹丘饮酒作乐,写出了《将进酒》这样的千古名篇。

> 岑夫子,丹丘生,将进酒,杯莫停。

岑勋　元丹丘

一起游山玩水的好时光

杜甫比李白小十一岁,他十分崇拜李白。现存杜甫的诗中,和李白相关的诗就有近二十首。

天宝三载,李白和杜甫相约一起去河南游玩,后来又同游齐鲁,一起同行的还有高适。这段时间他们一起饮酒赋诗,访道求仙,甚至准备采药炼丹。李白和杜甫的友谊到了高潮期,看起来比亲兄弟还要亲热。

赐金放还

李白得不到朝廷的赏识,心灰意冷,恳求唐玄宗让自己回山隐居,于是唐玄宗赐给他钱,放他回山。

> 太白兄保重,后会有期。

误加入军队的李白

安史之乱中,李白急于为国出力,结果误入了永王李璘的叛军。永王兵败后,李白被朝廷追究责任,差点丢了性命。

> 我这回只怕老命不保了!

> 杜甫,何时重有金樽开?

李白的一天

巳初（9:00）
沉香亭的牡丹盛开了

唐玄宗和杨贵妃在宫中的沉香亭观赏牡丹，歌手李龟年带着乐队在一旁奏乐歌唱。皇帝感叹没有新词配美人名花，于是命李龟年召李白进宫。

牡丹

唐朝人也将牡丹称为木芍药。在开元年间有大红、深紫、浅红、通白四个品种。由于牡丹形态丰满，颜色鲜艳，很符合当时繁荣昌盛的社会氛围，所以牡丹也成为唐朝最受推崇的花。

> 与美人一起赏花，岂可用旧日乐词？快去让李白进宫！

杨贵妃　唐玄宗　李龟年

> 遵旨！

巳初一刻（9:15）
急召李白进宫

李龟年出宫后直接骑马前往长安城里有名的大酒楼去寻找李白。刚抵达酒楼外，就听见有人唱道：

三杯通大道，一斗合自然。
但得酒中趣，勿为醒者传。

李龟年想：这人不是李白还能是谁？

李龟年

唐朝开元初年的著名乐工，因与李鹤年、李彭年一同创作的《渭川曲》而倍受唐玄宗赏识，被称为"乐圣"。

> 快闪开！
> 圣旨到！
> 哎哟！

李龟年

> 圣人在沉香亭宣召李白入宫，请速速随我前去！

李白

巳初二刻（9:30）
宣读圣旨

李龟年走进酒楼，果然看见李白正和几个文人畅饮，而且已经喝得酩酊大醉。李龟年大喊一声圣旨到，众人听后，急忙下跪。

巳初三刻（9:45）
酩酊大醉的李白

李白全然不理，张开醉眼，悠悠然念了一句诗，便睡过去了。

我醉欲眠卿且去。

小心！

巳正（10:00）
圣旨耽误不得

李龟年向楼下一招手，七八个侍从一齐上楼，手忙脚乱地把李白抬上了门口的五花马。

巳正一刻（10:15）
长安街上众人笑

侍从们扶着李白，生怕他掉下马来，李龟年则骑马在后相随，一路向宫门走去。

扶稳了，别摔着！

巳正二刻（10:30）
皇上催啦

刚进宫里，李龟年就接到唐玄宗的命令，让他们赶紧前去沉香亭。一行人跌跌撞撞，终于来到了沉香亭。

> 终于到了。

> 今日赏花，想请你作几首新词助兴。

> 臣失仪了，还请陛下恕罪！

李龟年　　李白

午初（11:00）
李白惊醒

李白从美梦中惊醒，见到唐玄宗，大惊，忙跪下请罪。唐玄宗将李白扶起来，说明请他到沉香亭来的原因。

巳正三刻（10:45）
醉得不省人事

唐玄宗见李白在马上双眸紧闭，还没有醒过来，便叫内侍将他抬到玉床上休息，并让侍从用冷水给他擦脸。

> 李白，醒醒！

> 用点冷水醒酒。

唐玄宗

圣上的笛子吹得真好。

圣上好帅呀！

一枝红艳露凝香，
云雨巫山枉断肠。

李龟年唱起了新词，梨园弟子奏起了新谱的乐曲，唐玄宗也亲自吹玉笛为他伴奏。

午初一刻（11:15）
谱写《清平调》

李龟年拿来金花笺给李白，李白笔墨一挥，很快就写出了三首。

> **三绝**
>
> 唐文宗李昂下诏，封李白的诗歌、裴旻的剑舞、张旭的草书为"三绝"。
>
> 李白　张旭　裴旻

这诗太美了！

云想衣裳花想容，春风拂槛露华浓。

午正（12:00）
力士脱靴

《清平调》演奏结束后，唐玄宗又让李白陪自己喝酒。没想到李白喝醉后竟伸出了脚，让宦官高力士给他脱掉靴子。高力士没有办法，只得给李白脱下靴子。当时，高力士地位尊贵，这件事是他平生的耻辱。

爱卿，干杯。

帮我脱掉靴子。

杜甫的一天

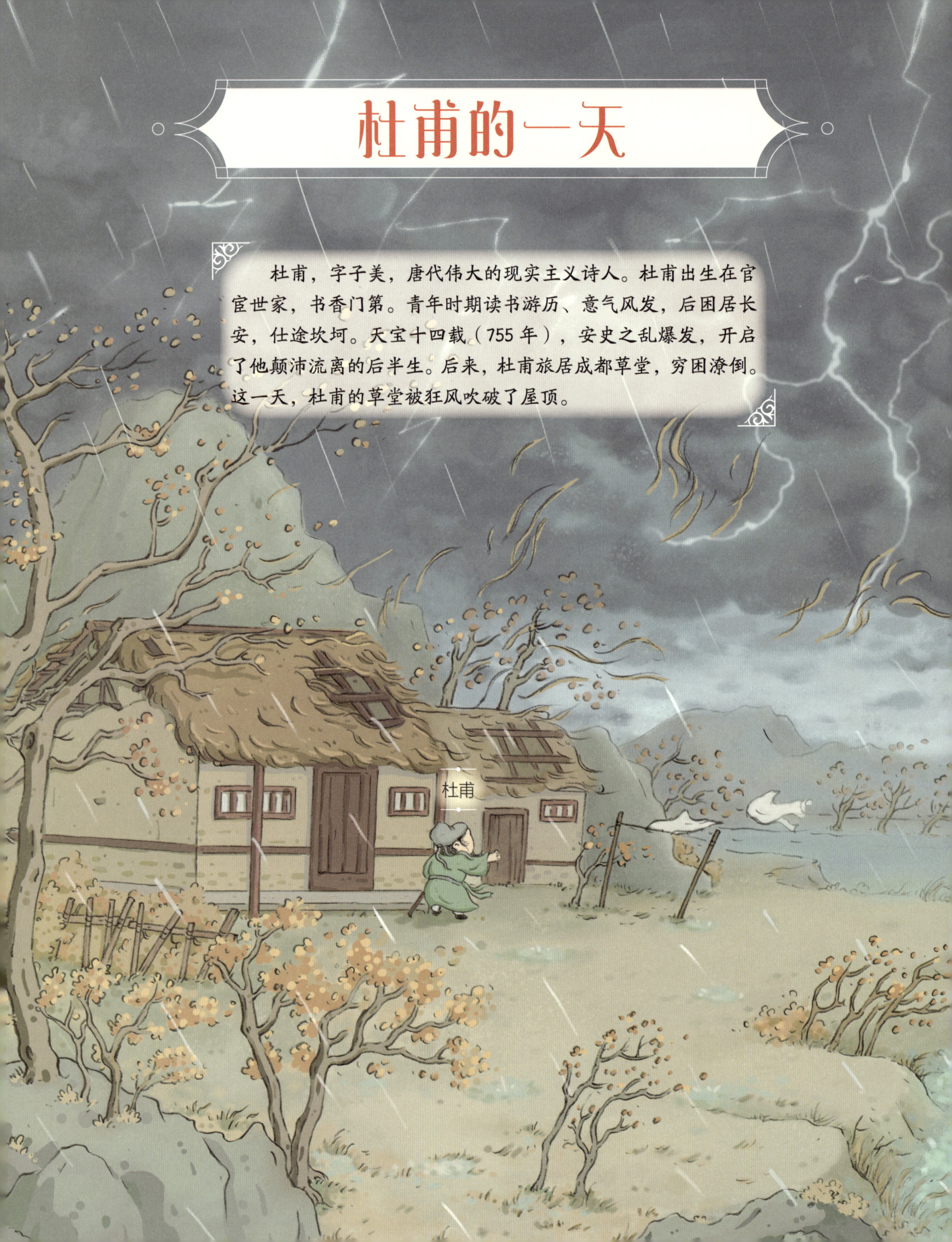

杜甫，字子美，唐代伟大的现实主义诗人。杜甫出生在官宦世家，书香门第。青年时期读书游历、意气风发，后困居长安，仕途坎坷。天宝十四载（755年），安史之乱爆发，开启了他颠沛流离的后半生。后来，杜甫旅居成都草堂，穷困潦倒。这一天，杜甫的草堂被狂风吹破了屋顶。

杜甫

李太白的诗真美！

李龟年真帅！

李龟年唱完了，杨贵妃连忙拜谢皇帝。皇帝对杨贵妃说："不要谢朕，你应该谢谢填词的李白。"贵妃拿着琉璃[杯]亲自倒满葡萄酒，赐给李白喝。唐玄宗还特地赏赐李白[走]遍内苑，让内侍拿着美酒跟着，随时给李白喝。

大家纷纷赶来一睹盛况。

送你一朵小花花！

这舞蹈让我忍不住想跟着跳起来。

午初（11:00）
八月秋高风怒号

仲秋八月，狂风大作，把杜甫家茅草屋顶上的茅草都给卷走了。茅草乱飞，飘过浣花溪，被风卷到了江对岸。

> **杜甫很忠诚**
>
> 安史之乱期间，杜甫曾被叛军捉住，他设法逃了出来，投奔了唐肃宗，被授予左拾遗的官职。后世也由此称杜甫为杜拾遗。

以后你就做左拾遗吧！

唐肃宗

多谢陛下！

杜甫

未初一刻（13:15）
到处乱飞的茅草

飞得高的茅草挂在高高的树梢上，杜甫踮起脚，举着手杖，努力想将树上的茅草取下来。

杜甫

快跑啊！

未正一刻（14:15）
调皮的小孩子们

飞得低的茅草飘飘洒洒地落在池塘和洼地中，散落在平地的茅草都被南村嬉戏的小孩子们抱去玩耍。

杜甫的一天

古代人的名、字、号

古代人彼此有多种称呼方式，字和号通常是供他人称呼的，以表尊重。名则常用来自称，但一些文人也会用号称呼自己。这些号除了有文人自己取的，还有他人根据文人所得官职和封号加称的，杜甫的别名杜拾遗就是这种类型。

来追我们呀！

给我站住！

未正二刻（14:30）
还给我

小孩子欺负杜甫年纪大没力气，当着他的面把茅草抱进竹林。

未正三刻（14:45）
怎么喊也没有用

杜甫跌跌撞撞、步履蹒跚地去追小孩子们，喊得唇干舌燥还是制止不住孩子的玩闹，只好叹着气往回走。不一会儿风停了，乌云如漆，一下子天就黑了。

公孙大娘的剑器舞

杜甫写过一首《观公孙大娘弟子舞剑器行》，说他小时候曾有幸见过公孙大娘的剑器舞，并提到草圣张旭看了公孙大娘的剑器舞之后茅塞顿开，悟出了笔走龙蛇的绝世草书。据传，吴道子的绘画也从公孙大娘的剑器舞中获得过灵感。

戌正（20:00）
漏雨的晚上如何度过

床上的被子已经盖了多年，又冷又硬，布料变得轻薄。小儿子睡相不好，把被子都蹬破了。屋顶到处都在漏雨，屋子里湿成一大片。今晚，可怎么睡？

> 漏成这样，如何是好？

> 安得广厦千万间，大庇天下寒士俱欢颜！

亥正（22:00）
长夜漫漫

杜甫倒了一杯黄酒，不由长叹：什么时候能有千万间宽敞高大的房子，给天下穷困的读书人住？这样的话，我就是冻死也情愿！

名扬海外的诗圣

唐代诗人韩愈曾盛赞李白、杜甫"李杜文章在，光焰万丈长"。杜甫的诗早在五六百年前就在日本刊印过。在1481年被翻译成朝鲜文，叫《杜诗谚解》。美国诗人肯尼斯·雷克斯罗斯也特别喜欢杜甫的诗，曾翻译了35首杜甫的诗收录在1956年出版的《中国诗歌一百首》中。

杜甫之死

唐代宗大历年间，杜甫途经湖南耒阳。有一次他去游岳祠，遇到江水暴涨，被困了十天，没有吃的。后来，耒阳县令派了一条船把他救了回来，还送了他牛肉和白酒。杜甫喝得大醉，晚上便去世了，当时他才五十九岁。

苏轼的一天

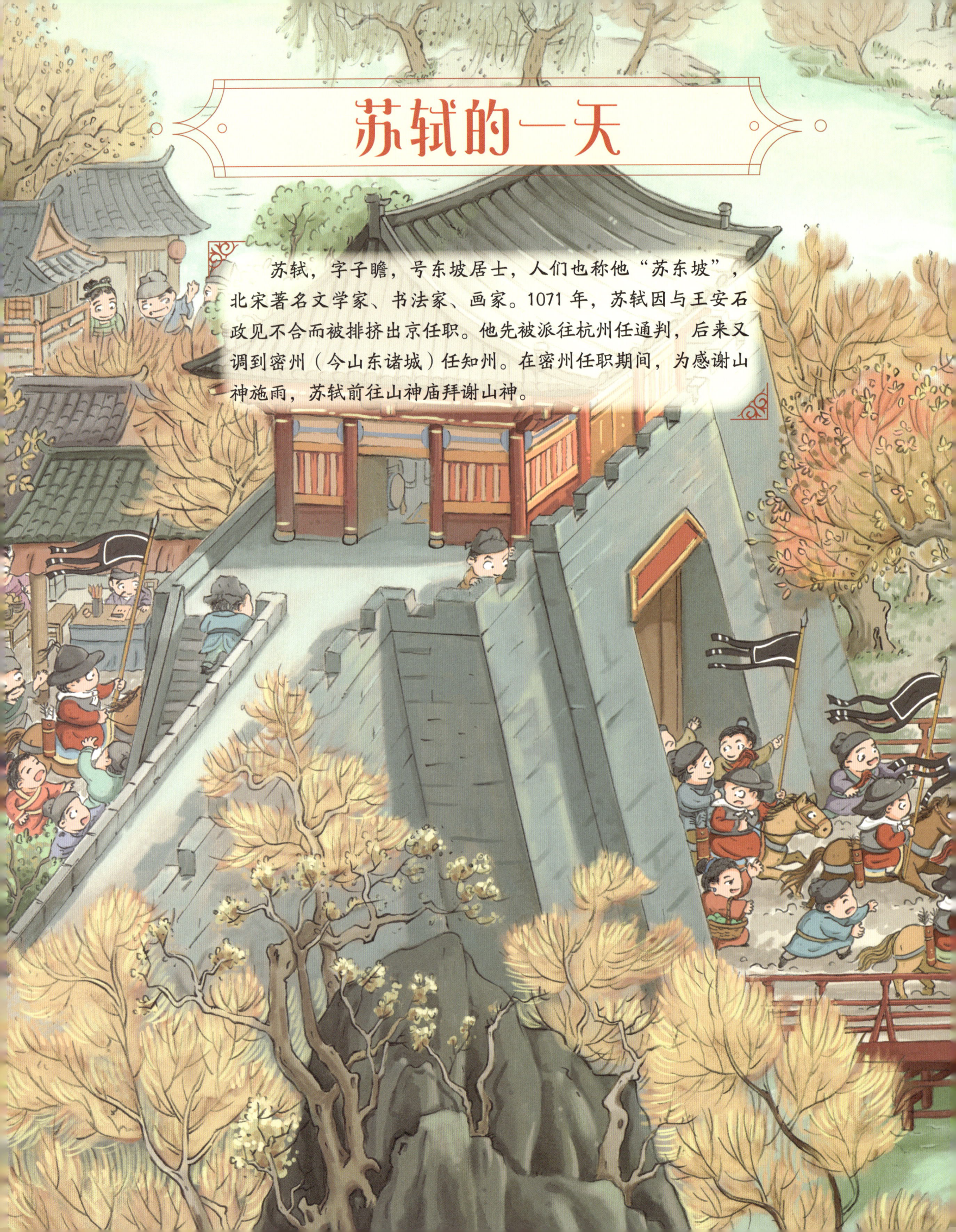

苏轼，字子瞻，号东坡居士，人们也称他"苏东坡"，北宋著名文学家、书法家、画家。1071年，苏轼因与王安石政见不合而被排挤出京任职。他先被派往杭州任通判，后来又调到密州（今山东诸城）任知州。在密州任职期间，为感谢山神施雨，苏轼前往山神庙拜谢山神。

苏轼

巳初（9:00）
祭山神

苏轼率领大家一起去祭拜，归来途中，还举行了一场围猎活动，几乎全城的人都参加了这次活动，场面十分盛大。

> 感谢山神保佑密州风调雨顺！

> 打猎啦！

巳正二刻（10:30）
准备围猎

祭拜完成后，苏轼带领大家准备围猎活动，士兵们拿着长枪，举着旗子，把黄茅冈团团围住，摆开了狩猎长阵，准备出猎。

午初（11:00）
兴奋的黄狗

猎狗开始兴奋起来，它们狂叫着，向树林里奔去，准备把藏在里面的动物驱赶出来。

> 汪！汪汪！

午初一刻（11:15）
猎物出来了

猎物被喧嚣的声音所惊扰，四处乱窜，不料，却陷入人们早已设下的圈套中。

未初（13:00）
苍鹰逐兔

苍鹰在低空追逐着野兔，捕到猎物后，又迅速展翅高飞。

咻——！

未初二刻（13:30）
策马扬鞭

苏轼策马扬鞭，驰骋在秋天的劲风之中，只见骏马鬃毛飘舞、马蹄立空，扬起滚滚尘土。

大家跟上！

未正（14:00）
弯弓搭箭

苏轼和随从们在看到猎物后纷纷弯弓搭箭，射向猎物。

我射！ 苏轼

会挽雕弓如满月，西北望，射天狼。

未正二刻（14:30）
意气风发

看着这浩浩荡荡的狩猎景象，苏轼顿时觉得自己这个书生也许能像前凉主簿谢艾一样，成为一名儒将，手持羽扇，让进犯西北边疆的强敌灰飞烟灭。

谢艾

前凉名将，儒生出身，担任过前凉主簿，官至酒泉太守，后来前凉国君任命他为大将，抵抗敌人的进攻。谢艾骁勇善战，曾多次粉碎了敌人灭亡前凉的企图。

苏轼的一天

申初二刻（15:30）
兴致来了喝点酒

兴致勃勃的苏轼和大家一起喝起酒来，美酒助兴，令诗人豪情大发。喝着喝着，苏轼想起了西汉时期的名将魏尚被贬的事情，想到朝廷对自己的不信任。而西北边境战事失利，苏轼由衷地希望朝廷能重新起用他为国效力。

好酒要配好肉呀！

东坡肉

苏轼被贬到黄州时，见黄州的猪肉价格很便宜，他便亲自烹调猪肉，还作了一首《食猪肉诗》。此诗一传十，十传百，人们开始争相仿制苏轼烧的肉，并把这道菜戏称为"东坡肉"。

陛下赦免了你的罪过。

冯唐

魏尚

酉正一刻（18:15）
踏上归途

黄叶徐徐飘落，大家看着收获满满的猎物，心满意足地踏上归程。打猎的时候衣服上落满灰尘，但是大家玩得很尽兴，并不在意这些。

冯唐与魏尚

汉文帝时，魏尚为云中太守，屡次打败匈奴，后来由于在报功文书上记录的杀敌数字与实际不符而被削职。冯唐认为判得过重，请求皇帝宽恕魏尚。汉文帝就派冯唐持节去赦免魏尚，让他继续担任云中太守。

被贬官的苏轼 想得开

欲把西湖比西子

苏轼在密州当知州之前，曾任杭州通判。后来，他又来到杭州任职，曾主持疏浚西湖，利用挖出的泥土修建了苏堤，还写下著名的《饮湖上初晴后雨》来赞美西湖景色。

一蓑烟雨任平生

苏轼被贬黄州时，有一次去沙湖看田，回来的路上忽然下起了大雨，因为苏轼让随从带着雨具先行离开了，所以同行的人都淋得很狼狈。苏轼却毫不介意，他联想到自己人生的坎坷，写下了一首千古流传的《定风波》（莫听穿林打叶声），表达了自己的豁达与乐观的人生态度。

再贬惠州：日啖荔枝三百颗

苏轼的仕途一直不顺，后来又被贬到地处岭南的惠州（今广东境内）。惠州盛产枇杷、杨梅和荔枝，大大满足了苏轼的吃货之心，他特别爱荔枝，甚至作诗："日啖荔枝三百颗，不辞长作岭南人。"

无可救药的乐天派

之后苏轼又被贬到儋州，恰逢宋徽宗即位大赦天下，苏轼北归，途中于常州逝世。苏轼一生屡遭贬谪，却依然积极向上，林语堂评价苏轼是一个无可救药的乐天派。正是这样的乐观精神，才成就了苏轼的伟大人格。

《 苏轼和李清照的关系 》

李清照的父亲李格非是苏轼文学的传人，"苏门后四学士"之一。

苏轼的一天

李清照的一天

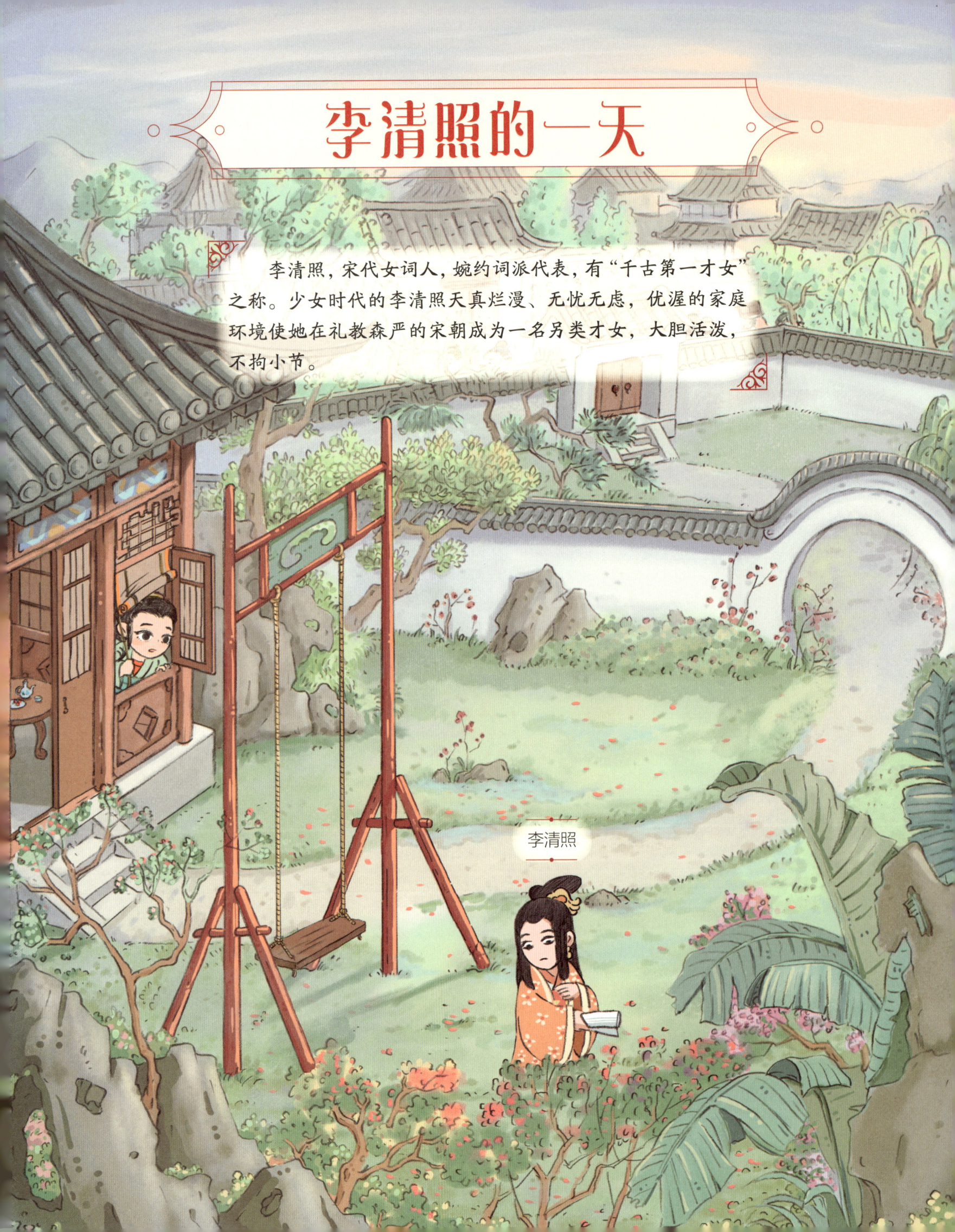

李清照,宋代女词人,婉约词派代表,有"千古第一才女"之称。少女时代的李清照天真烂漫、无忧无虑,优渥的家庭环境使她在礼教森严的宋朝成为一名另类才女,大胆活泼,不拘小节。

李清照

李清照的日常生活

李清照的少女时代和家人一起生活在北宋的都城汴京（今河南开封）。作为一个官宦世家的小姐，她的生活和所有少女一样无忧无虑。

在露水尚浓，春花将落的清晨，微风习习，鸟鸣婉转，院子里的秋千在空中画出一道道优美的弧线，罗衣轻扬，灵动如燕。

在夕阳即将落下的时候，独自一个人撑着船，享受文人墨客的闲适，只顾尽兴，划着划着迷路了。忽的一声，惊起了湖中的鸥鹭。

少女时期的李清照还不知道愁的滋味，为赋新词强说愁。等她认识赵明诚结婚之后，她的爱慕和羞涩，也被她写到了词中："一种相思，两处闲愁……才下眉头，却上心头。"

辰正二刻（8:30）
一觉睡醒

昨夜，雨虽然下得不大，风却吹得很猛，李清照想起春天快要结束了，海棠花即将凋谢，心里忧愁。她只好以酒消愁，喝醉了后一觉醒来，天已大亮。

李清照：头昏昏沉沉。

爱花的女词人

花是李清照写词时最常写到的物象。在现今被确认为李清照的40余首词中，有35首写到花。而这35首词中，直接提到花名的有28首。之所以如此频繁地使用花意象，除了本人喜好，更多是因为寄托了深深的感情。晚年的李清照词作经常将自己的命运与花的变迁紧密结合。这也是她词作的特点之一。

巳初（9:00）
赶紧问问

李清照想起昨夜的风雨，窗外一定是一片狼藉，落花满地，却又不忍亲见，正好侍女来服侍起床，趁着侍女卷起窗帘时询问一下。

海棠花开得好吗？

才子佳人

十八岁时，李清照嫁给太学生赵明诚。婚后二人琴瑟和鸣，非常恩爱。赵明诚在太学求学期间，李清照给赵明诚写了很多词寄托相思，著名的有《醉花阴》，一句"莫道不消魂，帘卷西风，人比黄花瘦"成为千古传诵的佳句。

赵明诚　李清照

午初（11:00）
绿肥红瘦

一想到海棠花谢，春季将过，自己的青春年华也会像这春天一样逝去，李清照就越发伤感，便写了一首词来纪念。

> 海棠花还是那样。

> 知否，知否，应是绿肥红瘦。

巳初一刻（9:15）
反应迟钝的侍女

可是侍女对李清照的心事毫无觉察，卷起窗帘，看了看外面之后，对窗外发生的变化无动于衷。

巳初二刻（9:30）
真的是这样吗？

李清照听到答话后感到疑惑不解。她想：雨疏风骤之后，海棠怎会依旧呢？这个粗心的丫头！园中的海棠应该是绿叶繁茂、红花稀少才是。

国家忧思

快乐的日子总是短暂的。1127年，金朝攻占了北宋都城汴京，北宋灭亡，李清照和赵明诚开始了颠沛流离的生活。

但是天有不测风云，1129年，赵明诚病逝，失去丈夫的李清照大病一场。面对逃亡生活的无情折磨，李清照开始关注当时的国家大事，在歌颂忠臣良将、暗讽当朝皇帝昏庸之余，不时怀念往事，在将人生与国家经历结合后，发出"这次第，怎一个愁字了得"的喟叹。

古代计时方式

【古代十二时辰与现代24小时制对照图】

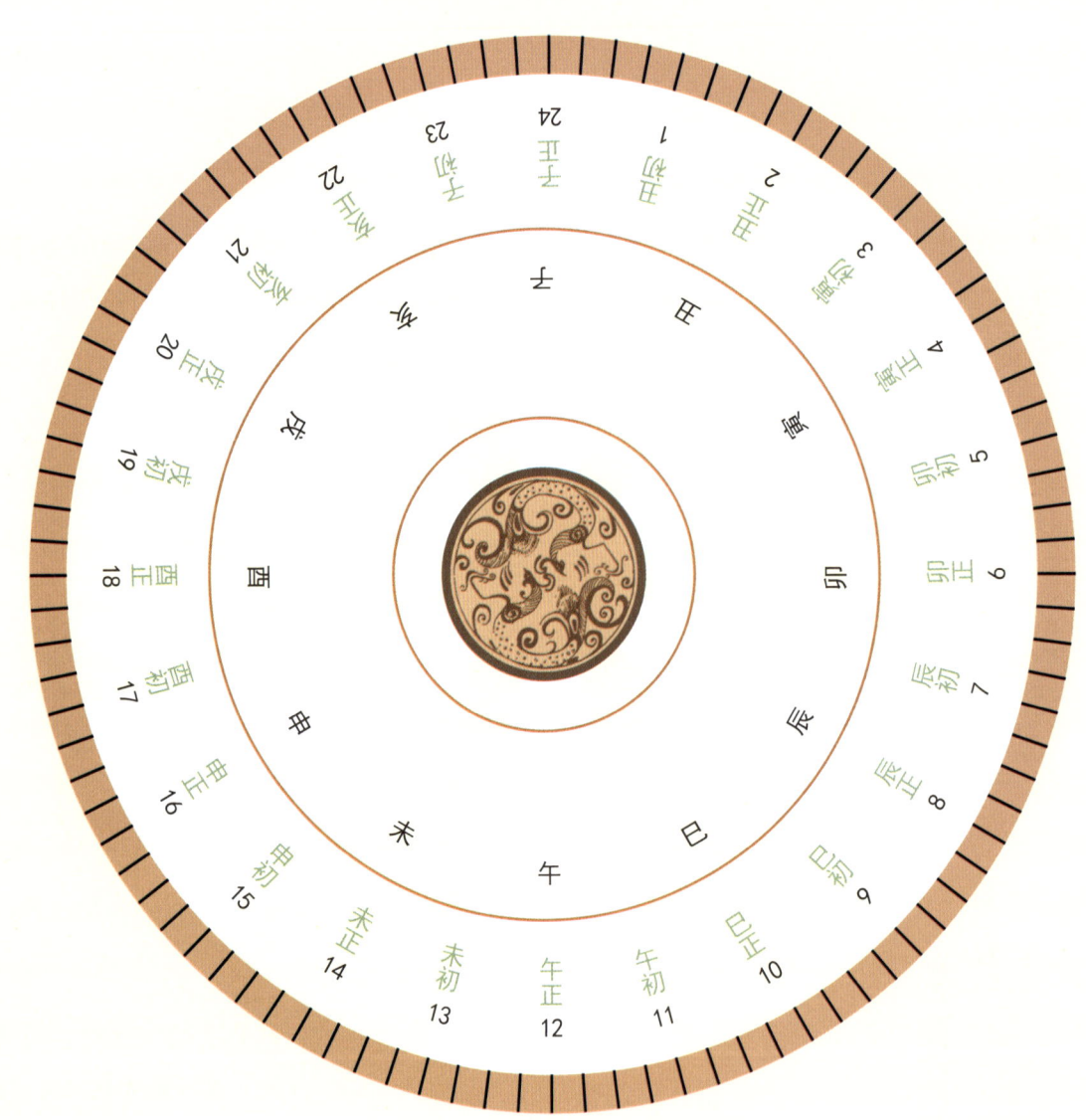

一刻等于十五分钟

约西周之前，把一天分为一百刻，后来又改百刻为九十六刻、一百零八刻、一百二十刻。所以不同时代每个时辰对应的刻度可能会有差别。《隋书·天文志》中记载，隋朝冬至前后，子时为二刻，寅时、戌时为六刻，卯时和酉时为十三刻。到了清代，官方正式将一天定为九十六刻，一个时辰（两个小时）分八刻，一小时为四刻，而一刻就是十五分钟，一直沿用至今。

时辰的划分

时辰是中国古代的计时方法。古人把一天分为十二个时辰，并用十二地支来表示时辰。如：子时（23:00—次日1:00）、丑时（1:00—3:00），以此类推。到唐代以后，人们把一个时辰分为初、正两部分，细化了时间划分，方便了人们的生活。

晨钟暮鼓

古代城市实行宵禁，定时开关城门，在有的朝代，早晨开城门时会敲钟，晚上关城门的时候会击鼓。鼓响了之后，在城内、城外的人都要及时回家，不然城门一关就回不了家了。

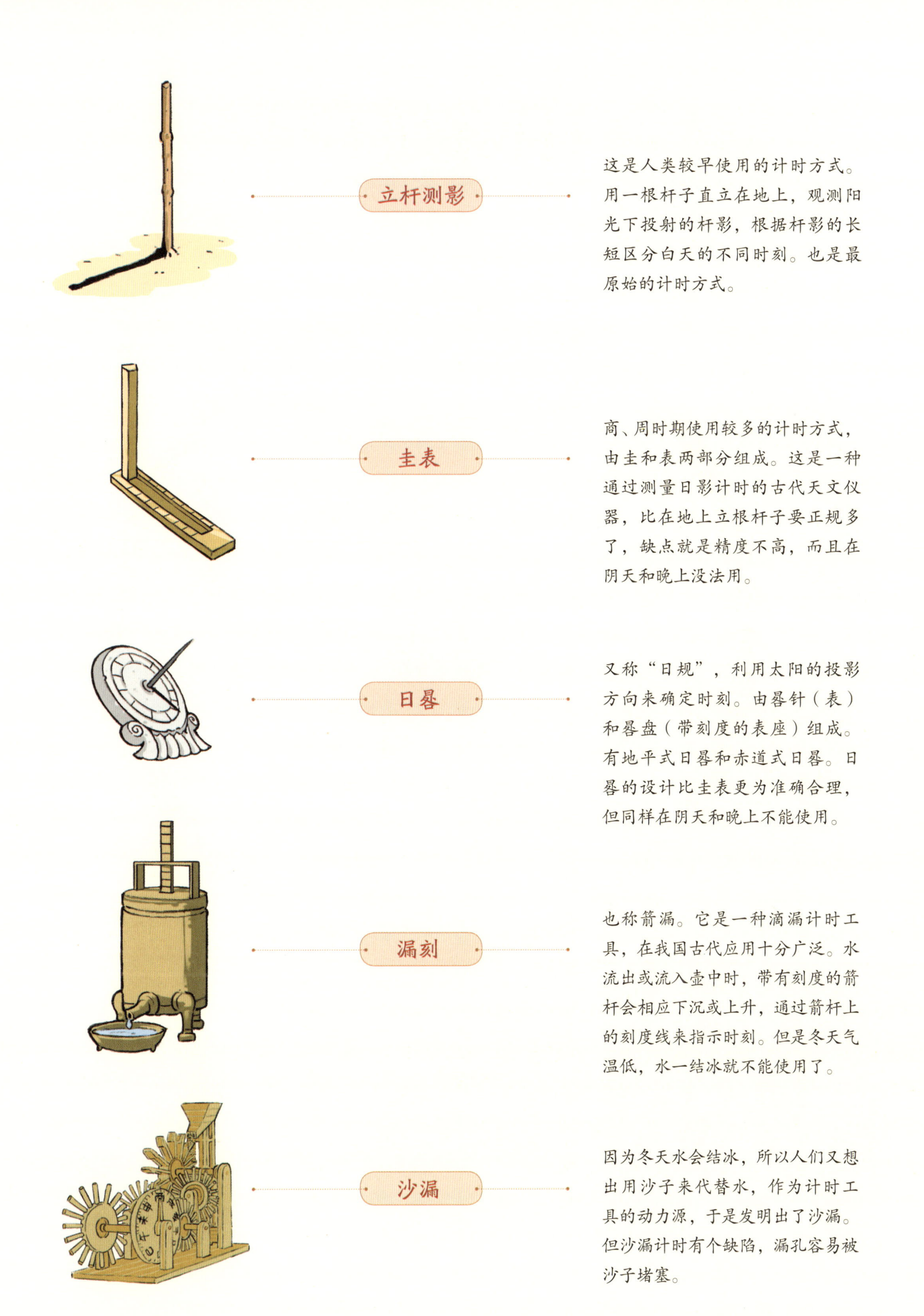

	立杆测影	这是人类较早使用的计时方式。用一根杆子直立在地上，观测阳光下投射的杆影，根据杆影的长短区分白天的不同时刻。也是最原始的计时方式。
	圭表	商、周时期使用较多的计时方式，由圭和表两部分组成。这是一种通过测量日影计时的古代天文仪器，比在地上立根杆子要正规多了，缺点就是精度不高，而且在阴天和晚上没法用。
	日晷	又称"日规"，利用太阳的投影方向来确定时刻。由晷针（表）和晷盘（带刻度的表座）组成。有地平式日晷和赤道式日晷。日晷的设计比圭表更为准确合理，但同样在阴天和晚上不能使用。
	漏刻	也称箭漏。它是一种滴漏计时工具，在我国古代应用十分广泛。水流出或流入壶中时，带有刻度的箭杆会相应下沉或上升，通过箭杆上的刻度线来指示时刻。但是冬天气温低，水一结冰就不能使用了。
	沙漏	因为冬天水会结冰，所以人们又想出用沙子来代替水，作为计时工具的动力源，于是发明出了沙漏。但沙漏计时有个缺陷，漏孔容易被沙子堵塞。

古代计时方式

诗人逸事

| 侠客行 | 李白

李白好剑术，喜任侠，据他自己以及身边的朋友说他喜欢打抱不平，为人处世很有侠客之风，作有著名的《侠客行》。

八卦诗人 | 段成式 |

段成式是与李商隐、温庭筠齐名的诗人，却靠写八卦小说出名，所著志怪笔记《酉阳杂俎》，是一本内容丰富的唐朝八卦故事集，力士脱靴的故事就是他记载的。

| 斗酒居士 | 王绩

王绩曾因好饮酒不管公务而被弹劾，也曾因职位可得三升良酒而再度做官，侍中陈叔达是王绩的老朋友，听到此事，就做主每天配给他好酒一斗，于是王绩就得了个"斗酒学士"的绰号。

蜂蜜拌诗 | 张籍 |

据说，张籍曾痴迷杜甫诗歌，把杜甫的名诗抄下来一首一首地烧掉，再把烧的纸灰拌上蜂蜜吃掉，希望这样就能写出和杜甫一样好的诗了。

| 旗亭赌诗 |

在古代，诗词皆可配乐而唱，唐朝是诗词大国，谁的作品被传唱得最多就说明谁是当时的人气偶像。据说，有一次，王昌龄、高适、王之涣相约在旗亭喝酒，恰巧一群梨园弟子登楼宴饮，三人为了证明自己的人气，边看他们表演边赌谁的诗会被吟唱得最多。

六十年间万首诗 ｜ 陆游 ｜

陆游，传世诗作九千三百余首，曾自言"六十年间万首诗"。毫无疑问，陆游是当时最高产的一位诗人，而且还多有精品。

｜ 七岁赋诗 ｜ 骆宾王

骆宾王自幼天赋过人，据说他七岁时随口吟成《咏鹅》一诗，被誉为神童。

音乐诗人 ｜ 白居易 ｜

白居易喜爱音乐，诗、酒、乐是他生活的三大乐趣，他会弹琴，能鼓瑟，据《新唐书》记载，白居易九岁就谙通音律。白居易的诗词作品也常常涉及音乐，著名的有《琵琶行》。

｜ 李三瘦 ｜ 李清照

李清照喜欢以"瘦"字入词，来形容女子的容貌，并创造了三个因"瘦"而名传千古的动人词句。在《凤凰台上忆吹箫》中有"新来瘦，非干病酒，不是悲秋"之句，在《如梦令》中有"知否，知否，应是绿肥红瘦"之句，在《醉花阴》中有"莫道不消魂，帘卷西风，人比黄花瘦"之句，因此人称"李三瘦"。

｜ 赋诗免灾 ｜ 李涉

据说，李涉有一次去看望自己做江州刺史的弟弟李渤，船行至浣口，忽然遇到一群打家劫舍的盗贼。当打听到船上之人是李涉时，匪首大喜过望，命部下停下打劫，只求一诗即可，原来这匪首正是李涉的粉丝。李涉当下写了首诗给匪首，匪首极为开心，不但没有打劫，还给了他很多财物。

诗人逸事

番外篇 诗人们的小酒会

> 为了喝酒，我专门写了《饮酒二十首》。

陶渊明　贺知章

> 我这"酒中八仙"可不是浪得虚名，喝醉了就算睡在井底也没问题。

> 这也行？厉害。

陶渊明　贺知章

李　白：我要是喝起来，自己都害怕！
陶渊明：为啥？
李　白：五花马，千金裘，都没有美酒让我开心。

> 五花马，千金裘，呼儿将出换美酒。 —— 李白

> 这个我也怕，您可别把我的东西卖了换酒喝。

陶渊明　　　贺知章

> 杜老弟，别写了，你也多喝点！ —— 李白

杜甫　李白

陶渊明　贺知章

杜　甫：我陪李白哥哥喝个够，再给你们写首诗记录咱们酒仙们的故事。
贺知章：杜老弟写的《饮中八仙歌》很传神呀！

苏　轼：喝酒没有好肉配，岂不是暴殄天物？
众　人：厉害！苏老弟真是吃货本色呀！

喝酒要配上我研究的东坡肉才有意思。——苏轼

苏老弟真是会过日子。

厉害！果然是吃货本色。

陶渊明　贺知章　杜甫　李白　苏轼

女孩子喝起酒来，你们都不是对手。——李清照

是是是！女孩子，咱们还是让着点好。——贺知章

李白　杜甫　陶渊明　苏轼

你们都喝醉了，只有我一个人是清醒的！——屈原

我们这个小酒会，只愿长醉不愿醒。——苏轼

我也没办法，世人皆醉我独醒，我必须保持清醒。——屈原

屈先生这样子没必要啦。

李清照　贺知章　苏轼　陶渊明　李白　杜甫　屈原

番外篇 诗人们的小酒会

诗人的一天
参考书目

[汉]司马迁《史记》
[汉]班固《汉书》
[晋]陈寿《三国志》
[南朝·宋]刘义庆《世说新语》
[南朝·梁]沈约等《宋书》
[唐]房玄龄等《晋书》
[后晋]刘昫等《旧唐书》
[宋]欧阳修,宋祁等《新唐书》
[宋]司马光编撰,[元]胡三省音注《资治通鉴》
[宋]王溥《唐会要》
[宋]李昉等《太平广记》
[清]董诰等《全唐文》
王其钧《古建筑日读》,中华书局
沈从文《中国古代服饰研究》,商务印书馆
刘永华《中国历代服饰集萃》,清华大学出版社
刘永华《中国古代车舆马具》,清华大学出版社
森林鹿《唐朝穿越指南》,北京联合出版公司
森林鹿《唐朝定居指南》,北京联合出版公司
钟敬文《中国民俗史·隋唐卷》,人民出版社
李芽《中国历代女子妆容》,江苏凤凰文艺出版社
李乾朗《穿墙透壁:剖视中国经典古建筑》,广西师范大学出版社
侯幼彬、李婉贞《中国古代建筑历史图说》,中国建筑工业出版社